U0022887

書名：壬課總訣
系列：心一堂術數古籍珍本叢刊　三式類　六壬系列　一
主編、責任編輯：陳劍聰
心一堂術數古籍珍本叢刊編校小組：陳劍聰　素聞　梁松盛　鄒偉才　虛白盧主

出版：心一堂有限公司
通訊地址：香港九龍旺角彌敦道六一〇號荷李活商業中心十八樓〇五—〇六室
深港讀者服務中心：中國深圳市羅湖區立新路六號羅湖商業大廈負一層〇〇八室
電話號碼：(852)67150840
網址：publish.sunyata.cc
電郵：sunyatabook@gmail.com
網店：http://book.sunyata.cc
淘寶店地址：https://shop210782774.taobao.com
微店地址：https://weidian.com/s/1212826297
臉書：https://www.facebook.com/sunyatabook
讀者論壇：http://bbs.sunyata.cc/

版次：二零二一年四月初版
平裝

港幣　二百八十元正
定價：人民幣　二百八十元正
新台幣　一千一百二十元正

國際書號：ISBN 978-988-8058-64-8

香港發行：香港聯合書刊物流有限公司
地址：香港新界大埔汀麗路36號中華商務印刷大廈3樓
電話號碼：(852)2150-2100
傳真號碼：(852)2407-3062
電郵：info@suplogistics.com.hk

台灣發行：秀威資訊科技股份有限公司
地址：台灣台北市內湖區瑞光路七十六巷六十五號一樓
電話號碼：+886-2-2796-3638
傳真號碼：+886-2-2796-1377
網絡書店：www.bodbooks.com.tw
台灣國家書店讀者服務中心：
地址：台灣台北市中山區松江路二〇九號一樓
電話號碼：+886-2-2518-0207
傳真號碼：+886-2-2518-0778
網絡書店：http://www.govbooks.com.tw

中國大陸發行　零售：深圳心一堂文化傳播有限公司
深圳地址：深圳市羅湖區立新路六號羅湖商業大廈負一層〇〇八室
電話號碼：(86)0755-82224934

心一堂微店二維碼

心一堂淘寶店二維碼

心一堂術數古籍珍本叢刊 總序

術數定義

術數，大概可謂以「推算、推演人（個人、群體、國家等）、事、物、自然現象、時間、空間方位等規律及氣數，並或通過種種『方術』，從而達致趨吉避凶或某種特定目的」之知識體系和方法。

術數類別

我國術數的內容類別，歷代不盡相同，例如《漢書・藝文志》中載，漢代術數有六類：天文、曆譜、無行、蓍龜、雜占、形法。至清代《四庫全書》，術數類則有：數學、占候、相宅相墓、占卜、命書、相書、陰陽五行、雜技術等，其他如《後漢書・方術部》、《藝文類聚・方術部》、《太平御覽・方術部》等，對於術數的分類，皆有差異。古代多把天文、曆譜、及部份數學均歸入術數類，而民間流行亦視傳統醫學作為術數的一環；此外，有些術數與宗教中的方術亦往往難以分開。現代學界則常將各種術數歸納為五大類別：命、卜、相、醫、山，通稱「五術」。

本叢刊在《四庫全書》的分類基礎上，將術數分為九大類別：占筮、星命、相術、堪輿、選擇、三式、讖緯、理數（陰陽五行）、雜術。而未收天文、曆譜、算術、宗教方術、醫學。

術數思想與發展——從術到學，乃至合道

我國術數是由上古的占星、卜蓍、形法等術發展下來的。其中卜蓍之術，是歷經夏商周三代而通過「龜卜、蓍筮」得出卜（卦）辭的一種預測（吉凶成敗）術，之後歸納並結集成書，此即現傳之《易經》。經過春秋戰國至秦漢之際，受到當時諸子百家的影響、儒家的推祟，遂有《易傳》等的出現，原本是卜蓍術書的《易經》，被提升及解讀成有包涵「天地之道（理）」之學。因此，《易・繫辭傳》曰：「易與天地準，故能彌綸天地之道。」

漢代以後，易學中的陰陽學說，與五行、九宫、干支、氣運、災變、律曆、卦氣、讖緯、天人感應說等相結合，形成易學中象數系統。而其他原與《易經》本來沒有關係的術數，如占星、形法、選擇，亦漸漸以易理（象數學說）為依歸。《四庫全書‧易類小序》云：「術數之興，多在秦漢以後。要其旨，不出乎陰陽五行，生尅制化。實皆《易》之支派，傅以雜說耳。」至此，術數可謂已由「術」發展成「學」。

及至宋代，術數理論與理學中的河圖洛書、太極圖、邵雍先天之學及皇極經世等學說給合，通過術數以演繹理學中「天地中有一太極，萬物中各有一太極」（《朱子語類》）的思想。術數理論不單已發展至十分成熟，而且也從其學理中衍生一些新的方法或理論，如《梅花易數》、《河洛理數》等。

在傳統上，術數功能往往不止於僅僅作為趨吉避凶的方術，及「能彌綸天地之道」的學問，亦有其「修心養性」的功能，「與道合一」（修道）的內涵。《素問‧上古天真論》：「上古之人，其知道者，法於陰陽，和於術數。」數之意義，不單是外在的算數、歷數、氣數，而是與理學中同等的「道」、「理」—心性的功能，北宋理氣家邵雍對此多有發揮：「聖人之心，是亦數也」、「萬化萬事生乎心」、「心為太極」。《觀物外篇》：「先天之學，心法也。……蓋天地萬物之理，盡在其中矣，心一而不分，則能應萬物。」反過來說，宋代的術數理論，受到當時理學、佛道及宋易影響，認為心性本質上是等同天地之太極。天地萬物氣數規律，能通過內觀自心而有所感知，即是內心也已具備有術數的推演及預測、感知能力；相傳是邵雍所創之《梅花易數》，便是在這樣的背景下誕生。

《易‧文言傳》已有「積善之家，必有餘慶；積不善之家，必有餘殃」之說，至漢代流行的災變說及讖緯說，我國數千年來都認為天災，異常天象（自然現象），皆與一國或一地的施政者失德有關；下至家族、個人之盛衰，也都與一族一人之德行修養有關。因此，我國術數中除了吉凶盛衰理數之外，人心的德行修養，也是趨吉避凶的一個關鍵因素。

術數與宗教、修道

在這種思想之下，我國術數不單只是附屬於巫術或宗教行為的方術，又往往已是一種宗教的修煉手段—通過術數，以知陰陽，乃至合陰陽（道）。「其知道者，法於陰陽，和於術數。」例如，「奇門遁甲」術中，即分為「術奇門」與「法奇門」兩大類。「法奇門」中有大量道教中符籙、手印、存想、內煉的內容，是道教內丹外法的一種重要外法修煉體系。甚至在雷法一系的修煉上，亦大量應用了術數內容。此外，相術、堪輿術中也有修煉望氣色的方法；堪輿家除了選擇陰陽宅之吉凶外，也有道教中選擇適合修道環境（法、財、侶、地中的地）的方法，以至通過堪輿術觀察天地山川陰陽之氣，亦成為領悟陰陽金丹大道的一途。

易學體系以外的術數與的少數民族的術數

我國術數中，也有不用或不全用易理作為其理論依據的，如楊雄的《太玄》、司馬光的《潛虛》。也有一些占卜法、雜術不屬於《易經》系統，不過對後世影響較少而已。

外來宗教及少數民族中也有不少雖受漢文化影響（如陰陽、五行、二十八宿等學說）但仍自成系統的術數，如古代的西夏、突厥、吐魯番等占卜及星占術，藏族中有多種藏傳佛教占卜術、苯教占卜術、擇吉術、推命術、相術等；北方少數民族有薩滿教占卜術；不少少數民族如水族、白族、布朗族、佤族、彝族、苗族等，皆有占雞（卦）草卜、雞蛋卜等術，納西族的占星術、占卜術，彝族畢摩的推命術、占卜術…等等，都是屬於《易經》體系以外的術數。相對上，外國傳入的術數以及其理論，對我國術數影響更大。

曆法、推步術與外來術數的影響

我國的術數與曆法的關係非常緊密。早期的術數中，很多是利用星宿或星宿組合的位置（如某星在某州或某宮某度）付予某種吉凶意義，并據之以推演，例如歲星（木星）、月將（某月太陽所躔之宮次）等。不過，由於不同的古代曆法推步的誤差及歲差的問題，若干年後，其術數所用之星辰的位置，已與真實星辰的位置不一樣了；此如歲星（木星），早期的曆法及術數以十二年為一周期（以應地支），與木星真實周期十一點八六年，每幾十年便錯一宮。後來術家又設一「太歲」的假想星體來解決，是歲星運行的相反，週期亦剛好是十二年。而術數中的神煞，很多即是根據太歲的位置而定。又如六壬術中的「月將」，原是立春節氣後太陽躔娵訾之次而稱作「登明亥將」，至宋代，因歲差的關係，要到雨水節氣後太陽才躔娵訾之次，當時沈括提出了修正，但明清時六壬術中「月將」仍然沿用宋代沈括修正的起法沒有再修正。

由於以真實星象周期的推步術是非常繁複，而且古代星象推步術本身亦有不少誤差，大多數術數除依曆書保留了太陽(節氣)、太陰(月相)的簡單宮次計算外，漸漸形成根據干支、日月等的各自起例，以起出其他具有不同含義的眾多假想星象及神煞系統。唐宋以後，我國絕大部份術數都主要沿用這一系統，也出現了不少完全脫離真實星象的術數，如《子平術》、《紫微斗數》、《鐵版神數》等。後來就連一些利用真實星辰位置的術數，如《七政四餘術》及選擇法中的《天星選擇》，也已與假想星象及神煞混合而使用了。

隨着古代外國曆(推步)、術數的傳入，如唐代傳入的印度曆法及術數，元代傳入的回回曆等，其中我國占星術便吸收了印度占星術中羅睺星、計都星等而形成四餘星，又通過阿拉伯占星術而吸收了其中來自希臘、巴比倫占星術的黃道十二宮、四元素學說(地、水、火、風)，並與我國傳統的二十八宿、五行說、神煞系統並存而形成《七政四餘術》。此外，一些術數中的北斗星名，不用我國傳統的星名：天樞、天璿、天璣、天權、玉衡、開陽、搖光，而是使用來自印度梵文所譯的：貪狼、巨門、祿存、文曲，廉貞、武曲，破軍等，此明顯是受到唐代從印度傳入的曆法及占星術所影響。如星命術的《紫微斗數》及堪輿術的《撼龍經》等文獻中，其星皆用印度譯名。及至清初《時憲曆》，置潤之法則改用西法「定氣」。清代以後的術數，又作過不少的調整。

術數在古代社會及外國的影響

術數在古代社會中一直扮演着一個非常重要的角色，影響層面不單只是某一階層、某一職業、某一年齡的人，而是上自帝王，下至普通百姓，從出生到死亡，不論是生活上的小事如洗髮、出行等，大事如建房、入伙、出兵等，從個人、家族以至國家，從天文、氣象、地理到人事、軍事，從民俗、學術到宗教，都離不開術數的應用。如古代政府的中欽天監(司天監)，除了負責天文、曆法、輿地之外，亦精通其他如星占、選擇、堪輿等術數，除在皇室人員及朝庭中應用外，也定期頒行日書、修定術數，使民間對於天文、日曆用事吉凶及使用其他術數時，有所依從。

在古代，我國的漢族術數，甚至影響遍及西夏、突厥、吐蕃、阿拉伯、印度、東南亞諸國、朝鮮、日本、越南等地，其中朝鮮、日本、越南等國，一至到了民國時期，仍然沿用着我國的多種術數。

術數研究

術數在我國古代社會雖然影響深遠，「是傳統中國理念中的一門科學，從傳統的陰陽、五行、九宮、八卦、河圖、洛書等觀念作大自然的研究。……傳統中國的天文學、數學、煉丹術等，要到上世紀中葉始受世界學者肯定。可是，術數還未受到應得的注意。術數在傳統中國科技史、思想史，文化史、社會史，甚至軍事史都有一定的影響。……更進一步了解術數，我們將更能了解中國歷史的全貌。」（何丙郁《術數、天文與醫學 中國科技史的新視野》，香港城市大學中國文化中心。）

可是術數至今一直不受正統學界所重視，加上術家藏秘自珍，又揚言天機不可洩漏，「（術數）乃吾國科學與哲學融貫而成一種學說，數千年來傳衍嬗變，或隱或現，全賴一二有心人為之繼續維繫，賴以不絕，其中確有學術上研究之價值，非徒癡人說夢，荒誕不經之謂也。其所以至今不能在科學中成立一種地位者，實有數困。蓋古代士大夫階級目醫卜星相為九流之學，多恥道之；而發明諸大師又故為惝恍迷離之辭，以待後人探索；間有一二賢者有所發明，亦秘莫如深，既恐洩天地之秘，複恐譏為旁門左道，始終不肯公開研究，成立一有系統說明之書籍，貽之後世。故居今日而欲研究此種學術，實一極困難之事。」（民國徐樂吾《子平真詮評註》，方重審序）

現存的術數古籍，除極少數是唐、宋、元的版本外，絕大多數是明、清兩代的版本。其內容也主要是明、清兩代流行的術數，唐宋以前的術數及其書籍，大部份均已失傳，只能從史料記載、出土文獻、敦煌遺書中稍窺一鱗半爪。

術數版本

坊間術數古籍版本，大多是晚清書坊之翻刻本及民國書賈之重排本，其中豕亥魚魯，或而任意增刪，往往文意全非，以至不能卒讀。現今不論是術數愛好者，還是民俗、史學、社會、文化、版本等學術研究者，要想得一常見術數書籍的善本、原版，已經非常困難，更遑論稿本、鈔本、孤本。在文獻不足及缺乏善本的情況下，要想對術數的源流、理法、及其影響，作全面深入的研究，幾不可能。

有見及此，本叢刊編校小組經多年努力及多方協助，在中國、韓國、日本等地區搜羅了一九四九年以前漢文為主的術數類善本、珍本、鈔本、孤本、稿本、批校本等千餘種，精選出其中最佳版本，以最新數碼技術清理、修復版面，更正明顯的錯訛，部份善本更以原色精印，務求更勝原本，以饗讀者。不過，限於編校小組的水平，版本選擇及考證、文字修正、提要內容等方面，恐有疏漏及舛誤之處，懇請方家不吝指正。

心一堂術數古籍珍本叢刊編校小組

二零零九年七月

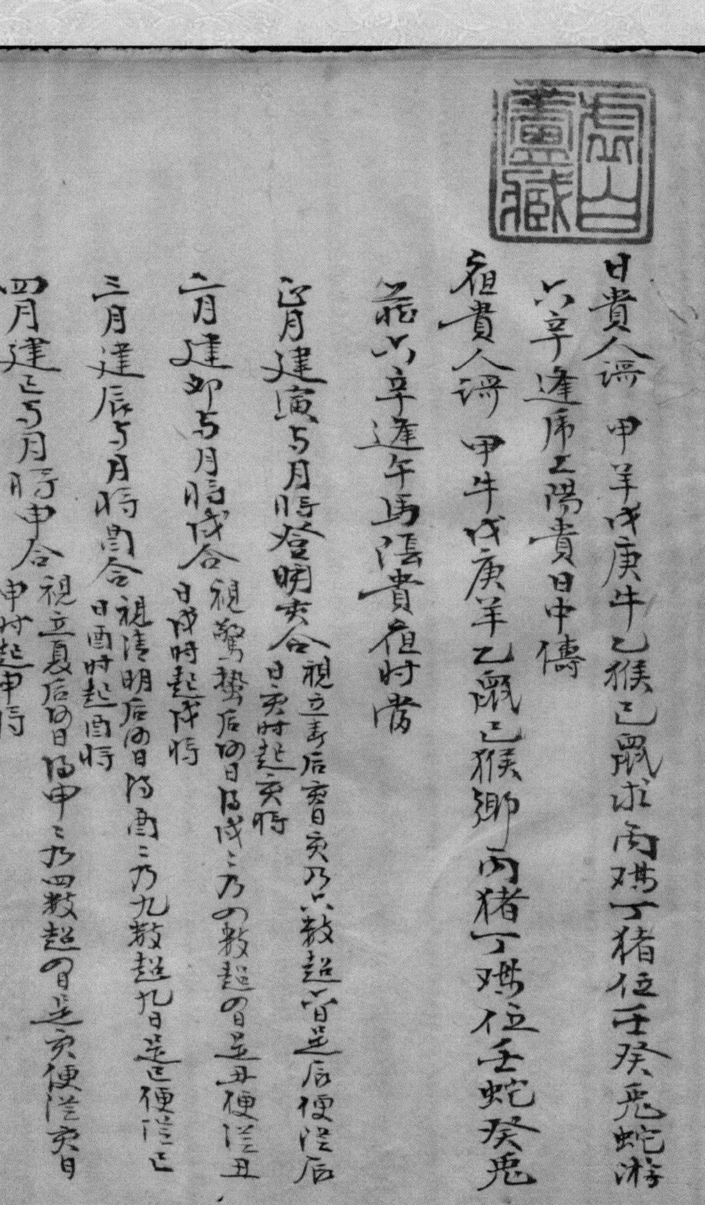

日貴人謌 甲羊戊庚牛乙猴己鼠求丙鷄丁猪位壬癸兔蛇游

六辛逢虎上陽貴日中傳

夜貴人謌 甲牛戊庚羊乙鼠己猴鄉丙猪丁鷄位壬蛇癸兔

[illegible]六辛逢午馬陰貴夜時當

正月建寅與月將登明亥合 日亥時起亥將 視立春後亥日亥乃六數起六日是辰便從辰

二月建卯與月將戌合 日戌時起戌將 視驚蟄後四日係戌戌乃四數起四日是丑便從丑

三月建辰與月將酉合 日酉時起酉將 視清明後四日係酉酉乃九數起九日是巳便從巳

四月建巳與月將申合 申時起申將 視立夏後四日係申申乃四數起四日是亥便從亥日

五月建午与月將未合　視芒種后四日得未未乃七數再起七日是丑即從丑日未时起未將

六月建未与月將午合　視小暑后四日得午午乃二數再起二日是未即從未日午时起午將

七月建申与月將巳合　視立秋后四日得巳巳乃七數再起七日為亥即從亥日巳时起巳將

八月建酉与月將辰合　視白露后四日得辰辰乃三數再起三日是午即從午日辰时起辰將

九月建戌与月將卯合　視寒露后四日得卯卯乃八數再起八日是戌從戌日卯时起卯將

十月建亥与月將寅合　視立冬后四日得寅寅乃三數再起三日是辰從辰日寅时起寅將

十一月建子与月將丑合　視大雪后四日得丑丑乃八數再起八日為午從午日丑时起丑將

十二月建丑与月將子合　視小寒后四日得子子乃一生數便從本日子時起子將

四月申 三月酉 二月戌 正月亥 課 庚申酉 辛戌 壬亥

月 五月未 十二月子 丁巳未 子

將 六月午 十一月丑 神 午 癸丑

七月巳 八月辰 九月卯 十月寅 圖 丙戊己 乙辰卯 甲寅

甲子旬年 男起丙寅 女起壬申

甲戌旬命 男起丙子 女起壬午

甲申旬 男起丙戌 女起壬辰

甲午旬命 男起丙申 女起壬寅

甲辰旬命 男起丙午 女起壬子

甲寅旬命 男起丙辰 女起壬戌

男從生年六甲旬首順行三位起一歲順數至今年為若干歲

女從生年六甲旬首逆行五位起一歲逆數至今年為若干歲

一賊克

取課先從下克呼。若無下克上為初。加初傳本位明中次中上。固加是末居。

從四課中取之信。先取下克上者為初傳。如四課中有一下克上者。即以受克之神為初傳。是為發用。名重審。如四課中無下克上者。方以上克下者為用。四課之中一上克下。名元首。

凡取克為用。不論上克下起。俱取上一字。不用下一字。

假如四月丁丑日子時申將。以月將申加子起天盤。丁日干寄居在未。查未上係卯。以卯加丁上。第一課卯丁。卯上見亥。以亥加卯上。第二課亥卯。丑日支上見酉。第三課酉丑。酉上見巳。第四課

如四課中有一上克下。又有一二下克上。須用下克上克。

巳酉第一課，卯丁無尅。第二課，亥卯亦無尅。第三課酉丑亦無尅。惟第四課巳酉火尅金，係上尅下，即以巳為初傳。地盤巳上丑，即以丑為中傳。地盤丑上酉，即以酉為末傳。名元首。課餘倣此。

假如四月丙戌日巳時申將，以月將申加地盤巳上，照前式起天盤。丙日干寄宮在巳，查巳上見申，以申加丙上。第一課申丙，第二課亥申，第三課丑戌，第四課辰丑。四課中惟第一課申丙係火尅金，餘俱無尅。即以申為初傳，申上亥，以亥為中傳，亥上寅，寅為末傳。是四課中只一下克上為用，名重審。如四課中有二三上尅，或二三下尅，則需取比者為用，另詳下比用門。今將元首重審二課列式于左。

四月丁丑日子時申

元首　巳　丑　酉

卯丁　辰巳午未

亥卯　卯未丁寄　申

酉丑　寅　酉

巳酉　丑子亥戌

四月丙戌日巳時申將

重審　申　亥　寅

申丙　亥子丑寅

亥申　戌　卯

丑戌　酉　辰

辰丑　申未午巳　巳丙寄

二比用

下賊或二三四侵克。不然上克亦同論之。常將天日相比取陽日用陽陰用陰。

皆因四課中。或有二三下克上。如或有二三上克下者。則當取與日干相比者為用。名比用。亦名知一。日比和干相比。如甲陽日用子寅等陽支。乙陰干。用丑卯等陰支也。干支陰陽見

假如八月壬辰日巳時。辰臨巳。以辰加巳起天盤。一課戌壬。二課酉戌。三課卯辰。四課寅卯。查四課中。第一戌壬土克水。第二課無克。第三課卯辰木克土。第四課寅卯無克。是四課中有二上克下。查壬係陽干。第三課卯木克辰土。卯係陰

如四課中二三相克者。或俱比或俱不比者。則取下克上者為用也。如無下克上者。則依先克者為用也。

支不比。第一課戌土克壬水。戌係陽支。与日干相比。即用戌為初傳。餘倣此

甲丙戊庚壬為陽。乙丁己辛癸為陰。

支干　子寅辰午申戌為陽支。丑卯巳未酉亥為陰支。

戌壬　未申酉戌

酉戌　午　亥

卯辰　巳　子

寅卯　辰卯寅丑

知一　戌酉申

三涉害

涉害由來逆本家。路途多克最堪誇。孟深仲淺季無取。

復尋柔辰剛日查。

當因四課中或二上克下。或二下克上。而日与本日之干。或俱比或俱不比。則各就所克之處。由地盤杪歸本家。以受克多者為用。如受克俱多。則以在地盤四孟上者為用。如無孟則取仲上者。如又俱相等。則陽日取干上之神。陰日取支上之神。中末照常法。為各列一式于左。

亥
酉
未

寅 丑 卯 巳
丑 卯 巳 丁

卯 辰 巳 午
戌 巳未 未
寅 申戌
辰乙 酉
丑卯
子 寅丑 戌

假如正月丁卯日丑时亥将。此课〻丁無克。二课卯辰〻無克。第三课丑卯木克土。第四课亥丑土克水。是二下克上。与日干俱比。以丑土由所临〻卯位。历归本家。卯木一重克。至辰位。辰中有寄宫〻乙木又一重克。再由巳午未申酉亥戌子各位。历归本家丑位。亭两重克。是涉害浅。再以亥水由所加〻丑位。历归本家。丑土一重克。至寅位。卯位無克。至辰位。辰土又一重克。至巳位。巳中有寄宫〻戊土一重克。午位無克。至未位。未土一重克。未中又有寄宫〻戊土又一重克。申位酉位無克。至戌位。戌土一重克。至子本家〻亥位。共历六重克。當以丑上之亥為用。為涉害深。餘倣此。

午庚　午庚申未酉申辛酉
辰午　巳　　戌子
戌子　辰　　亥癸
申戌　卯寅丑子

涉害　午辰寅

假如四月庚子日。戌時申將。第一課午庚火克金。第二課辰午無克。第三課戌子土克水。第四課申戌無克。四課中第一第三兩課。俱上克下。庚乃陽日。午戌亦俱係陽支。是與日俱比。以戌土由所臨子位。歷歸戌之本家。子水一重克也。丑位丑中有寄宮之癸水。又一重克也。以次歷寅卯辰巳午未申酉。以至本家戌位。俱無克。是涉害淺。再以一課之午火由所臨之申位。歷歸午之本家。申金一重克。申中有寄宮之庚金。又一重克也。次位酉金。又一重克也。戌位戌宮有寄宮之辛金。又一重克。以次歷亥子丑寅卯辰巳。各位以至午。午之本家俱無克。是戊土由子位歷至戊本位。止有二重克。午火由申位歷卯火本家。有四重克。是涉害深。應以午為用。餘倣此。

以上二課。俱係取涉害深者為用。假如涉害俱深。則取寅申巳亥四孟上神為用。名見機。凡事當見機詳慎也。為君列式于左。

子　丙　卯　辰　巳戌　午

未　子　寅未巳丁　未

未　子　丑午　申丑

寅　未　子　巳丙　亥　戌　酉

子　未　寅

見機

如丙子日亥將辰時。一課子丙。二課未子。三課未子。四課寅未。此課四上克下。一三兩課相重。位亦不備。且未支與日干不比。取子寅之神與日比

此乃論子申巳上歷歸本家。經丙巳午丁四重克。寅申未上歷歸
本位。亦經未巳戌丑四重克。是涉害淺深亦相等。寅加于未。乃
季上不取。則取子加巳孟上神也為用。餘倣此。
如無孟上。則取仲上。亦列一式于左。

察微

辰
申
子

子庚　辰子　戌午　寅戌

子　丑　寅戌　卯
亥　辰子
戌　巳丑癸
酉　申　未　午

如庚午日未將卯時。一課子庚。二課辰子。三課戌午。四課寅戌。此四課中
辰土克子水。寅木克戌土。是二上克下。俱係陽神。俱與日干相比。以辰由
子上涉歸本位。經子癸二重克。以寅由戌上涉歸本家。亦經戌丑二

重克。是涉害亦復相等。查辰適二日辰非加孟，宜取仲為用，則取子上之辰為用。名察微。凡占當思慮隄防，方可無患。

綴瑕

子 未 寅

子 戌　卯 辰　巳戌 午壬亥

未 子　寅未巳　未子

亥 辰　丑　申癸

午 亥　子戌 亥　戌 酉

假如涉害俱深，孟仲又復相等。陽日則取干上神先見者為用；陰日則取支上神先見者為用。名綴瑕。凡占主首尾牽連。亦列一式于右。

如戊辰日丑將午時。一課子戌。二課未子。三課亥辰。四課午亥。

三下賊上。亥與日干不比，不取。子午二神與日干相比，而應歸本家。又俱經四重克。子加巳，午加亥。又俱孟上神。是涉害俱孟仲。俱皆相等，係陽日則取干上先見之子為用，三傳子未酉，是名綴瑕，亦名復蕭，餘倣此。

四遙克

四課無克稱為遙，日與天神互遙招，先取神遙克其日，無神方與日相交。

此課中俱無上下克，則取四課上神來克日干者為用，如無則取日干遙克之神為用，若日克兩神，或兩神克日，則取與日干相比者為用，列式于左，中末照常法也。

寅壬　亥子丑寅
巳寅　戌　　卯
未辰　酉　　辰
戌未　申未午巳

蒿矢
戌丑未

凡壬辰日巳將寅時。四課俱無上下克。課中未戌兩神來克日干。壬係陽干。未乃陰支。與日干不相比。惟戌與日比。則取戌爲發用。名曰蒿矢。

寅壬　亥子丑寅
巳寅　戌　　卯
亥申　酉　　辰
寅亥　申未午巳

彈射
巳申亥

又如壬申日亥時申時。課中無剋。又無上神剋日。則取日遙剋之神為用。壬水剋巳火。取巳為初傳。三傳巳申亥。名為彈射。日遙剋神為彈射。神遙剋日為蒿矢。

五昴星

四課全備。方取昴星。如止三課無剋。則不取昴星。當用別責矣。

無遙剋向昴星尋。陽仰陰俯酉中神。剛日先辰而後日。柔日先日而後辰。上二句言初傳。後二句言中末也

四課全備。無上下剋。又無遙剋。陽日則取地盤酉宮上神為用。中取支上神。末取干上神。陰日則取天盤酉宮下神為用。中取干上神。末取支上神。列式于左。

虎視

丑午酉

酉戌　子丑寅卯
丑酉　亥　辰
午寅　戌　巳
戌午　酉申未午

如戊寅日辰將子時。一課酉戊。二課丑酉。三課午寅。四課戌午。四課全備。無克。又無遙克。應取昴星。戊係剛日。仰取地盤酉上之丑為用。名虎視。

冬蛇掩目

午戌寅

戌丁　亥子丑寅
丑戌　戌　卯
寅亥　酉午　辰
巳寅　申未午巳

又如丁亥日巳將寅時。一課戌丁。二課丑戌。三課寅亥。四課巳寅。四課中無上下克亦無遥克。丁為柔日。應依取天盤酉下之午為用。名冬蛇掩目。

六伏吟

六甲伏吟寅巳申。六丙六戊巳申寅。六乙便尋辰戌未。六庚申寅巳三刑。六己丁申臨亥酉辰先日後未取刑五卯巳未更無克。此言六辛辰刑沖害之傳神。六癸便尋丑戌未。壬辰壬午亥巳申。更有的壬別立法。日先辰次末取刑。以上七八伏吟法剛日柔辰中末兮。

凡言剛日即陽日。甲丙戊庚壬也。凡言柔即陰即乙丁己辛癸也。凡言日即干也。言辰即支也。

此課有克照常例取克發用。中取初刑。末取中刑。如初自刑則取支上神為中。中刑為末。如中又自刑，則取中所冲者為末。若課中無克，剛日取日上神為發用，中末遞刑取之。如初自刑，取辰上神為中。中刑為末。如中又自刑，末亦取中所冲者。柔日取支上神為發用，中末用刑。如初自刑，取日上神為中。中刑為末。如中又自刑，末亦取中所冲者。

三刑　寅刑巳　巳刑申　申刑寅

丑刑戌　戌刑未　未刑丑　子刑卯　卯刑子　辰午酉亥自刑

立式于後

丑癸　申　酉　戌　亥

丑丑　未　子

丑丑　午　丑

丑丑　巳　辰　卯　寅

不虞　丑戌未

如癸丑日午時午將，一課丑癸，有克照常取克為用，丑為初傳丑刑戌。戌爲中傳。戌刑未。未爲初傳。爲伏吟課。亦名不虞。

巳丙　申酉戌亥
巳巳　未　　子
辰辰　午　　丑
辰辰　巳辰卯寅

自任　巳申寅

如丙辰日申將申時。課中無尅。丙乃剛日。取日上之巳爲發用。巳刑申。申爲中傳。申刑寅。寅爲末傳。名自任。

未丁　申酉戌亥
未未　未　　子
丑丑　午　　丑
丑丑　巳辰卯寅

自信　丑戌未

如丁丑日未將未時。課中無尅。丁乃柔日。取辰上之丑爲發用。丑刑

戌戌為中傳戌刑未未為末傳名自信

杜傳　亥辰戌

辰辰亥亥
辰辰亥壬

巳午未申
辰　　酉
卯　　戌
寅丑子亥

又如壬辰日酉將酉時課中無克剋日以日上亥為用初傳亥乃自刑取支上辰為中傳辰又係自刑則取辰沖戌為末傳名杜傳

七反吟

反吟有克克初生理取先沖而後刑次傳若是自刑上須求破法是原用

此課有克，仍照例取克為初傳，初沖為中，中刑為末。如中自刑，末亦取沖，名無依。無克者，惟辛未、丁未、己未、辛丑、丁丑、己丑六日，則取驛馬為用，中用支上神，末用干上神，名無親，即所謂井欄格也。誌書殊未明晰，今指明以驛馬為用，識為便捷。列式于左。

無依

寅
申
寅

戌	辰	申	寅
辰	戌	寅	庚

巳	辰	卯	寅
午			丑
未			子
申	酉	戌	亥

如庚戌日寅時申將，以第一課庚寅寅下克上為發用，初傳寅，寅沖申，申為中傳，申刑寅，寅為末傳，名無依。

無親

亥未辰

辰 戌 未 丑
辛 辰 丑 未

寅卯辰巳
丑　　午
子　　未
亥戌酉申

如辛丑日亥將巳時，課中無克，取驛馬為用，巳酉丑馬在亥，即用亥為初傳，中用支上午，末用干上辰，名無親。

別責　只三課，不取昴星。

三課無克，別責名。剛日先傳干合神，柔日支前三合取中末。

都未干上行

此論四課不全，只得三課，又無上下克，又無遙克，即別責合神為發用，陽日取干合之上神為初傳，中末俱用干上神。

陰日則取支前三合為用。前者在支之前。如酉日取丑，亥日取卯。
未日取亥，中末亦用干上辰。俱名蕪淫。

三合附 申子辰 亥卯未 寅午戌 巳酉丑

干合附 甲己合 乙庚合 丙辛合 丁壬合 戊癸合

取地盤寄干寄宮者，到式于左。

此課有克，照常例取克賊比涉頂等法。中末用常法，不取干上神。

蕪淫

亥
午
午

午 丙 酉 戌 亥 子
戌辛
未 午 申 丑
巳 辰 未 寅
午 巳 午 巳 辰 卯

如丙辰日辰將卯時，一課與第四課合，乃四課不全，無上下克，又無遙克。丙乃剛日，取干合上神為用。丙與辛合，辛寄宮在戌，戌上是亥。

即以寅為初傳。中末俱用干上午。

酉 辛 未 申 酉 戌

申 酉 午 亥

英謡 丑 酉 酉 — 申 酉 巳 子

未 申 辰 卯 寅 丑

如辛酉日子將丑時。第二課與第三課全。又無賊克遙可取。辛乃陰日。取支前三合為用。支三合乃巳酉丑。丑在酉前。即以丑為初傳。中末俱用干上酉。

九、八專　論克不論遙。

兩課無克號八專。陽日陽神順行三。陰日陰神逆三數。中末都來干上眠。

第一課上神為日陽。第四課上神為辰之陰。

八專者，干支同位，只二課也。有克取克，無克不復取遙。剛日以干上神，在天盤順數三神為用，如亥在丑是也。柔日以支第四課上神，在天盤逆數三神為用，如亥在酉是也。中末俱取日上神，日即干也。八專有克，如常以克賊比涉等，須論干支同位專取緊一處，故名八專。　此課有克以克賊等發用，中末仍亦用常法。

亥　甲　巳　午　未　申
申　亥　辰　酉
亥　寅　卯　戌
申　亥　寅　丑　子　亥

丑亥亥

帷簿不修

如甲寅日丑將辰時，干支同位無克，止得兩課，不取遙克。甲乃剛日，以日上亥，在天盤上連根順數三神至丑，以丑為初傳，中末俱用干上之亥。

帷簿不修

亥戌戌

丑戌
戌未
丑戌
戌丁

亥子丑寅
戌　　卯
酉　　辰
申未午巳

此丁未日辰將丑時。亦干支同位，只無二課無克，丁乃柔日。以支第四課上神之丑，至天盤連根逆數三神至亥，以亥為初傳。中末俱用干上戌。俱名帷簿不修。八專課中，有逆數至日，中末相併為獨足格，乃三傳皆歸一神。如無馬遁無人傳送，獨足難行，凡事不能動移，諸事皆費力也。為列式于左。

獨足格

酉酉酉

酉巳戌亥子丑
亥酉酉寅
酉未申卯
亥酉未午巳辰

如己未日酉將未時。兩課無尅。己乃陽日。從支第一課上神亥。連根逆數三神至酉。以酉為初傳。中末俱用干上酉。是為獨足。

右是六壬宗门九課入式起例講決

日辰

日上生日百事宜。晝將人助夜神災。日上克日百不利。晝將人害夜鬼魅。日生上神百費出。日克上神事梗塞。日上之神去生辰。辰上之神來生日。日辰各受上神生。兩家順利有生之意。日上之神去克辰。辰上之神來克日。日辰各受上神克。兩家俱傷都不利。日上脫辰我脫他。辰上脫日他脫我。日辰各受上神脫。彼此防脫俱讒訟。日上之神見辰旺。辰上之神見日旺。日辰上各見旺神。靜則為祿動遭凶。日往臨辰逢下克。自取辱幼凌犯推。

辰來臨日又克日。卑幼上門肆侵欺。二者俱名爲亂首。子先
弟各離抑日臨辰上去受生。以幼長從卑受包容。辰臨日上來
生日。彼日上門來周濟。日臨辰上去生辰。定旺人宅虛耗賜。辰臨
日上來脫日。亦主虛耗錢財退。日臨辰上去克辰。事雖費力得財
去。辰來臨日受日克。尊長得財卑幼忍。二者皆名爲贅婿。日辰
比和吉時喜。日上祿馬主榮昌。日見辰馬定動吉。居子遷移。少人宅動。
辰上日祿受壓抑。權攝不正此爲凶。日辰上各見德神。再乘
吉將進發真。若見六合和合事。不宜解散憂病侵。乘墓

日辰逢敗言日辰上神是敗與絕

空墓日辰同。俱主昏迷雲霧中。日上見鬼墓為暗鬼，尤當防賓主不投懷抱意。日辰互見害與刑。日辰逢敗人宅頹。絕神結絕舊事宜。死氣死神宜休息。如值空亡虛無實。日課不是心意遲。辰課不是家宅擾。如見卯酉為阻隔。魁罡蛇虎有傷我。

發用

日主外，辰主內。四課各就日辰推。日上二課發用主外。辰上二課發用主內。一二發用貴順行，用在貴前事速成。三四發用天乙逆，用在貴後吉凶遲。四課發用名蓍遙。事主偶然或蓍成。用上克下事外來。利男利先

卑小災。用下克上事起內。利女利后尊長怨。下賊上多神克、
官。事將成合擒擾、訟。內戰。用遭遇與克名遁遁。身不得由受驅策。
用克上下為隔隔。隔鈔難合事不爲。用起長生凡謀遂。遇長生
臨墓發舊事。用敗為死事毀壞。用絕事了人信至。用墓事緩
病亡怨物走人歸凶事徹。日凶事不發。刑沖破害事阻隔。用空
憂喜爲實真。克日憂身長上訟。克辰家宅不安盜。克時心
動驚憂起知。克宗有賍必無從。克命上神主得財。克年上神
生時亡為休克
事否乘。喪吊事干有服人。休主疾病囚主刑。天將入廟喜、

轉吉為凶

愈喜。凶將歸家亦不慮。時凶亦不為禍。用歲中末或月日勿遠

就近急速是。　喪門太歲前第二位是，弔客太歲後第二位是

按三傳以初傳為心之所主事之所向，要上下相生，神將比和為吉。

初傳克歲，主歲中災否。克月則一月災否。克日憂身及長上。克

辰宅家不安。克時心動憂驚。克中傳已始無終。　中傳為災

易子傳母為順，母傳子為逆。鬼主事壞，墓主事止。　末傳為事之

結果。克初為吉。空則事敗。改所宗在乎初傳也。

月將獨為禍，德神能除，缺者禍難侵。喜事雖成，憂事散。本命逢

見得真，月將前支或後支三位占來。作事或進或退事多疑，退保無災進喜期。月將子為月將，丑為前，亥為後，若逢之吉。進為有喜，退為無憂。

歲臨本命事堪詳。支逢家宅不安康，常人逢之事乖張，君子遇之有吉祥。太歲臨支為宅主家不安，路男命亦然，常人主作府憂，君子主利見貴。

歲神便為歲破神，天空元武莫相併，遺亡走失惟事頻頻。支干逢來九俱真。歲前五位歲宅居，後五須知歲首墓神，蛇虎禍事有災無門，宅陰小不安寧。如寅年未為宅居，酉為歲墓也。

歲命相逢歲裡刑，三刑克害主凶殃。逢旺逢建福而月內安，干上逢祥日下端。太歲上神與命上神相生德合者，歲中之喜；相刑克害者，一歲之災。月建上神亦然。

歲破加臨月破中。上下相逢財物空。吉將逢來憂亦容。若見凶神尤更凶。

歲月破主財物失脫。月破人情有不和。失財疾病損求謀。凡事不成爭奈何。作解究竟自消磨。月破即月沖

日上神與命上神相生合喜，福來、親、以善相逢自成嗔。三刑沖克亦為迍。

日命相合居福祥。日來、克命見災殃。喜相衝，命來克日見災殃。反覆推窮理最長。

日上神克命上神為財喜、兆，亦命上神克日上神為不和，凡事不順。

日神上見憂神加，病在無痊災亦嗟。行人失約道路賒。若當時日來歸家。

三合俱在日加臨，支上皆同上下尋。或合喜事或婚姻。婚姻最好相宜。

支辰三六合為眷親，假如子日見泄信音。巳加申，辰加酉，卯加戌，此三課俱合。成合婚，泄信音吉也。

申辰惟有巳酉丑三辰，歲中必定別陰人。凡支辰三合皆為親眷進合口。家惟巳酉丑三合主陰人到家也。

支神三合發用來，加刑受克骨肉災，天后陰人事縈懷，定知年內必見乖。支神三合發用為親眷，若刑害支克骨肉疾病災。天后陰主陰人爭災，元武天空主逃亡。

日神特逢兩破神，破財失脫事消空，恩人斷絕親不親，事力乖錯不利。

支破臨支作用神，自因妻妾不安居，元空見退事不寧，螣蛇失脫三同居。支破辰沖也。演是支上為用，乘陰后主陰人口災，乘天空元武主損財，螣蛇主災患或不定，怪異失脫，奴婢財帛之兆。

十二貴人論吉
凶亦以在初傳
者為要

釋十二將

將雖分吉凶，須宜日辰年命生合，不宜克害。

貴神開戰莫論官。克日若為四開看。克日主事業失。

若与日辰相生和，福祿榮華萬事好。若与日辰相生，百事皆利。

蛇日相生喜氣也。凡十二將固喜生比，亦要与乘神相生。不宜戰克。如蛇乘木神則喜。乘水神為戰，餘仿此。

戰克憂驚主不免。初傳怪夢心無定。來傳火燭怪中推。神乘

上下并火亦更乘天地火殺，而取火厄也。如在日上宅上無救，主火厄也。宅及命前五辰是也。火光殺、火燭殺詳後。

朱雀相生印信權。雀神乘木火土神，更有太歲貴人相生，有權握文字；若身不克則吉。克身則凶。

克日口舌定難安。初傳禍發官事急。在初傳克日，急起口舌。

末傳身須有遠看。謂朱雀乘騰遠路，言有遠信。如更乘天驛馬，必主遠信至。又朱雀為文書文字。

六合逢來福遠德。六合不剋日，所求合和。如剋日，忌合和事不成。又主中損。更詳所事斷之。若見財，主合和中破財。若剋祿，主官事。

相剋夫婦見乘乖。六合剋日，夫婦不和。如絕神為神，主夫婦別離。如六合帶今日干合，更加剋戰，必主離。

閨在門戶奸邪事。如六合臨卯酉為門戶，主有奸邪之事。

乘于巳亥遠天涯。六合乘巳亥，更加天驛馬或初傳遠道神，主遠遠行。道神往后

勾陳戰鬥禍諧行。與日相逢道路凶。勾陳逢于戌，或有剋日故官事併起，更沒吉事。剋則凶。

兼乘巳馬故。如在家，必主遠人來相害。離在外，亦主道路不吉。

中末二傳俱吉神。須中末都吉。却末克初傳。亦主平平矣。

也須禁繫出身愁。初傳克日。如不是日上作初傳。却中末傳上來克初傳不為凶。如是初傳日辰上為鬼。中末傳雖有吉將亦凶。

青龍相生事皆和。更逢旺相福祥多。若與日干支相克。疾病傷財禍殃愁。如與日相生不克戰。所求皆吉。更有氣不落空亡。或居福德位上。逢干內戰。宜求財喜事。如青龍克日主破財。居作白虎陰日兼克日為死。若落空亡則不凶。

天空[illegible]共相言。將出獄事病沉重。支神與日相戰克。死亡奴畜小兒驚。天空解凶。訟獄和。占病主安。空者無名也。故減人口。

白虎皆凶須見詳。男女多因訟死亡。須是陽神臨卯酉，免死須歸道路旁。白虎陽神克日，女子得之必死；白虎陰神克日，主男子得之必死。健者主病，病者主死。如白虎加卯酉臨門，出不見亡。

若主喪之理。白虎主道路。

太常無克歡事多。下者同逢賓客迎。旬与日辰同會聚，事因酒食起官刑。太常不克日，主酒食賓客歡樂。若克日，合旬陳，婦因酒食筵會起官事破財。

元武相刑忌賊傷，破財官事主逃亡。不克日無妨，克日主逃亡失財。或更日人，或奸盜人相害。

類与日辰無戰克，常就吉卻無妨。元武乘惡殺，与日不克，防畏長生日。宜求橫財于陰私中。

太陰克日起奸私，終是陰人競訟詞。更同卯酉為合類，同凶看。

惡庭不疑。太陰克日主奸淫。又乘寅申。或舌自消。今亦克主暗昧破財。

如支初傳係不克日不用。奸神邪神立后

天后相刑暗昧生。不逢戰克必婚成。天后克日主隱人口舌不忙事。

淫亂起口舌。不戰克宜求婚親。又求婦人之財也。此臨沐浴之旋或亥子卯酉主

子亥卯酉今傳加。必見奸邪立獄庭。天后乘亥子卯酉。更作初傳

兼沐浴主奸事。更后同陳

克日主官事。主牢獄不明也。

火光煞 正月在戌逆行 二月酉 三月申 四月未 五月午 六月巳 七月辰 八月卯 九月寅

十月丑 十一月子 十二月亥

火燭煞 正月在巳順行 二月午 三月未 四月申 五月酉 六月戌 七月亥 八月子 九

月丑 十月寅 十一月卯 十二月辰 上二煞克日傷人克支焚宅。

道神 正月庚 二月辛 三月甲 四月癸 五月壬 六月乙 七月丙 八月丁 九月戊

十月己 十一月庚 十二月辛

絕神

離神

奸神　春在寅　夏在亥　秋在申　冬在巳

邪神　正月未二月午三月巳四月辰五月卯六月寅七月丑八月子九月亥十月戌十一月酉十二月申

壬課吉凶。全在生克。事類緣由。須憑天將。雜神時各具吉凶之理。而斷課焉。以乘神為決。傳中貴人本屬土。如乘于上則得吉矣。以神與後方和合而言之。以能合為最吉。太常次之。天乙雖貴。常人難當。后陰主私非禮凶暗。以虎蛇為凶。元武次之。朱雀文字。常人防是非。天空喜凶無成。卻宜奏對上方。將凶與吉同。居遠被困。人因事淹滯處通。

心一堂術數珍本古籍叢刊・三式類・六壬系列　一

心法歌

占斷先須定神將。森羅萬象細推尋。眼前見物分凶吉。身
內問殺罪淺深。於下大小應齊知。人依本旁事須待。見推所
詳人遠近。遇孝情由語理宜。事成當反觸翻把。破而復合勇
衣晴。寒殺恐怖閃雷聲震。深討思維看與樂。事兩並同
卦知。破職一石又逢皮。坐臥立分遲與速。圓缺真象判合。第
往第酒喜還退。遇醻遇醻事而恐。馬歸嗎時分善惡。雲
遲指實陳真假。男托女孩新病遇歲。女人托子叶鮮遇罪。陽人

若花陽人着。必是爭喧早晚期。看是女人花着好。欲他姿巧慧惟兆。豆麻孝服應須見。跛足前逢事有疑。丹青畫軸宜求禱。鐘鼓絃音信不必移。魚雁必知來遠信。鱠脯當有憂骨肉虧。硯子花枯謀不順。筆頭花落事無成。墨絲定知田土散。紙破須防不正人。犬吠驚防哭泣。獄來又忌賊相侵。赤朱信字紅光動。葉上書文有驚疑。忽聽鵲鳴真可喜。人驚夢覺事通靈。馬嘶必是人行動。猫過須防毒害人。舡上不宜書火字。樓頭亦忌是官刑。有時喜笑角呼語。類聚古人課是靈。

五惡　水惡

落河沉井有死疑。返亡盜賊去合作天河地井相加見賊盜須教返位。未辰相加為天河。子卯相加為地井。又辰為天河。未為地井。

河井相加日與辰。日辰又立在中川。三傳俱全無土類。仍去須教在溺人。

干建河川。又三傳或巳酉丑申子辰。更天河加地井上。定主在溺人。

元武要乘卯與子。臨辰加未河井上。辰教斷辛尅日辰。又主身亡在井死。

未申見井沉。如三傳內更水旺。傳中見元武。定主返亡逃在或死於水中也。如日酉日辰如未是天河。加于丑地井。如日干坐落空亡。又臣在溺之患。

火惡　火惡淫成逆十二。勾月厭蛇雀未尅日辰會。火燭淫亡順十二。

火在宅身與非是。尅日立身。尅辰立宅。

天煞殺 正巳 二午 三未 四申 五酉 六戌 七亥 八子 九丑 十寅 十一卯 十二辰

天鬼殺 正戌 二酉 三申 四未 五午 六巳 七辰 八卯 九寅 十丑 十一子 十二亥

土鬼 三傳年命納音土。逢木相兼害空亡。土空則崩。日干一元坐土

神。凶兇落崖塌墻屋。

三傳年命皆棄。今日二干並土。更立空亡地上。定主落岩塌屋。九

足蛇虎言死也。

金鬼 乃年本命共三傳。俱在劫亡喪吊間。日未逢坐生處

殺。支亡應須見血殃。

今日干。有鬼臨免貫。更兼血支血忌。定主血痛。或刀傷兇死。

血支 正丑 二寅 三卯 四辰 五巳 六午 七未 八申 九酉 十戌 十一亥 十二子

血忌 正丑 二未 三寅 四申 五卯 六酉 七辰 八戌 九巳 十亥 十一午 十二子

歲前二辰為喪。如子年寅為喪門。後二辰為吊客。如子年戌為吊客。

木惡 日辰衰木見真金。二传无火却成殺。用起少神居空地。木空
則折。倒樹折枝壓体殺。
虎惡 殺神正月起于辰。白虎更加克我身。少年又立雌虎殺。
有亦須教虎咥人。
雌虎乘寅司二申四未五寅六未七申八酉九戌十月丑十一寅十二卯
白虎乘寅司二寅三寅四寅五寅六寅七申八卯九辰十月巳十一午十二未
自縊 天地有殺兩相乘。白虎逢麻縲絏身。更与空神相會合。
懸頭白日在梁間。
天縊乘辰司二午三申四未五申六酉七亥八酉九子十月丑十一寅十二卯
絲麻乘 寅逆行四仲。与桃花咸池殺同。正五九月卯 二六十月子 三七

十一月酉四八十二月午　又春亥寅夏午秋酉冬子
劫煞　正二三四月亥申巳寅　五六七八月亥申巳寅　九亥十月申十二巳
十冬月寅亥全
句煞　子日卯　丑日戌　寅日巳　卯日子　辰日未　巳日寅　午日酉　未日辰
申日亥　酉日午　戌日丑　亥日申

凡偶見變異。人心驚者必占。不異不驚疑者不必占。占法以月將加占時。視天上類神所臨在何辰。以所臨地分之神。占日干後占生剋而定吉凶。更以天時詳之。則休咎見矣。

天變占之類神。日卯也。月酉也。風寅也。障氣申也。雷電巳也。

禽占之類神。子鼠蝙蝠燕。丑犀牛龜。寅虎豹狐狸。卯兔。辰龍。巳蛇蚓。午獐鹿。未羊麋鷹。申猴猿。酉雞鵝雉。戌狼犬。亥豕猪象。

若地分之神生日干者吉。克日干者凶。日生地分者亦吉。克地分者為財吉。相比命主有喜。又下地見子。主暗昧之事。丑主爭鬥阻隔。寅主文書音信。卯主遷移出入。辰主爭鬥之事。巳主失燭驚怪。

午主顯明通泰。未主私合酒食。申主道路信息。酉主陰私金帛。戌主虛詐相欺之事。亥主盜賊。若見貴人，主徵召改動之象。

又以天乙類神所帶天將決之。如見貴人，主財帛慶賀。螣蛇主驚恐怪異。朱雀主文書口舌。六合主爵賞酒食。勾陳主田宅爭鬥。青龍主陞遷財喜。天空主奸詐欺瞞。白虎主疾病死傷。太常主賞賜。玄武主盜賊遺亡。太陰主陰私金帛。天后主陰陽陰私。各以旺相休囚論之。凡吉神喜主旺相日本作落空亡。凶神遇休囚空亡，而不能為禍。

假如正月乙巳日，亥時寅時占。日忽變亂，以月將加時。日類神是卯臨午。晝占得以六合，蓋下地午屬火，主顯明通泰，乃日干所生故吉。又乘相氣帶六合主爵賞。六合乘亥水日，故吉而爵賞也。餘倣此。

凡有急事亞吉凶　兵伏賦云。傷不傷視陰陽。視日辰陰陽。四課互
克日辰。或日上克日。辰上克辰者是禍。若日辰上神克日辰。而所見天將又
重克之。禍殃必至。若日上與日相比相生。或與辰相比相生。辰上與辰相比
相生。或與日相比相生則吉矣。更天將相生比和。而病處必至。每詳之王并
命相生則吉。相尅必凶也。　假如甲子日逆貴。甲上見登明。亥子上見河魁
酉。天將俱為不傷。甲上登明乘太常。子上河魁乘太陰。二天將雖不傷。而太常
乃克支。太陰乃克干。亦是吉但稍遲耳。
物類分宮　子鼠蝠燕。丑牛。寅豹猫狸。寅上求。卯兔驢騾狐
取。魚龍蛟蜃蚕。辰求。蛇蚓蟬螳蝗蚓。巳。天馬獐鹿雀。午頭鴣鷹雁
鴿羊雀。未。鷺鷥。申。鵰鶚鸛。及猿猴。猿鵰鵝鳥。酉。雞鷂。狗大狼。戌上

留猪偷肠鲑诸虎宠。十二宫中高類同。

神煞擊要　汲錄吉凶神煞，是適事所用者。

天德　正月丁未　二月坤申　三月壬寅　四辛戌　五乾亥　六月甲寅　七月癸丑　八艮寅　九丙巳　十乙辰　十一巽巳　十二庚申

月德　正五九月丙巳　二六十月甲寅　三七十一月壬亥　四八十二月庚申
此節三合月中旺者

日德　甲己日寅　乙庚日申　丙辛戊癸巳　丁壬日亥　課中有合與德，妻淫夫也

支德　子日巳　丑日午　寅日未　卯日申　辰日酉　巳日戌　午日亥　未日子　申日丑　酉日寅　戌日卯　亥日辰　支德順行第五位是

月天月日支四德入傳皆吉。皆能轉禍為福。日德尤吉。但值生旺不宜休囚。如德加干發用為鬼，仍作吉斷。蓋德能化鬼為吉也。德入傳忌逢空落空，及神將外戰。

凡德下賊上發用，得貴人生身，仍作全吉斷。如無生扶，又見洩氣及克，主喜處生憂。假如乙未日申加午發用，申為乙德，受制于午，但得陽貴人傳出，脫午生申，為生扶。

凡德神歸日，又會合天貴，主有意外之喜，惟不宜占病訟。若丙日陽貴子上亥之類。

凡日德下賊發用，又為貴人與克，名減德格，主邪正同途。如乙酉日申加酉發用，申為酉扶，化德為貴之例。

凡德作官星，又臨朱雀，名文德格，主應舉得官，在官得薦。

凡德臨死絕，又值囚神，減力十之五。凡吉神倣此。

合神

甲己為中正合　乙庚為仁義合　丙辛為威制合

丁壬為淫泆合　戊癸為無情合　此干合。

子丑合土 寅亥合木 卯戌合火 辰酉合金 午未合日月 巳申合水 此支六合。

寅午戌火合 申子辰水合 巳酉丑金合 亥卯未木合 此三合也。

右三等合。如臨吉神將。雖年命凶不加。亦解諸凶也。

右三等合。以干合為主。支合次之。三合又次之。要與德祿喜神並臨。方為全吉。亦制諸凶。若乘凶神。全無吉助。又與凶合。反凶也。

凡合臨日入傳。又乘吉神。主有和合成就之意。

凡支干互合。名同心格。一切成就。如見刑害。又主同心之中。暗生妬忌。

三合入傳主事關聯連，必過月方能了結。又主親誤朋濟衆
多々應。
凡三合在課中，作干支上神，支克支干者，主外合中離，各懷疑忌。
或有人拖撥不和。如甲子日干上戌，支上申，干支三合，申克日干，戌克
辰之類。
凡取成合之期，以三合決之。如寅午戌日，見天空則散，如不見天空，則
主戌月日成。三合全，故取天空。
凡三合內傳缺一神者，名折腰格，占事必待缺神得用，方能成就。
亦名虛一待用格。
又三合入傳缺一神，如日辰偶足之，名湊合格。主有意外和合之
事，以所湊乘神決之。如湊足者是貴人，即主貴人提携之類。

凡合與德合入傳，百事皆吉。即會凶神，亦主凶中相合。

凡寅亥合為破合，巳申為刑合，主謀事合而不合，成而不成。如得貴青德祿乘之，仍主順利。

凡合入德，謀事皆成，即不能即時了結。不宜占病訟。

凡天后神后作六合，占婚立成。

凡刑破六合發用，主內吉外凶。占事必費力，然後有濟。

凡合逢空落空，又見刑害，主和中藏禍。有德可解。

凡合神无氣或乘蛇虎朱雀，主合中有害，不可托人謀幹。恐以直反信人反招不足。

刑神

甲刑申　乙刑酉　丙刑亥　丁刑子　戊刑寅　己刑卯

庚刑巳　辛刑午　壬刑戌　癸刑辰　此干刑。

子刑卯　卯刑子　寅刑巳　巳刑申　申刑寅　丑刑戌

戌刑未　未刑丑　辰午酉亥皆自刑　此支刑。

刑支傷殘也。凡入傳臨身，必主傷殘。凡刑發用，必見刑傷。刑干憂男。

刑支憂女。刑時憂事。時刑日憂小人。日刑時憂居。

凡上下相刑發用，又作日鬼，主反復乘戾，公私兩憂。

凡發用刑月建，不可對訟。刑日辰，不可遠行。刑干支，諸事不安。于

刑應在外遠。支刑應在內近。

凡自刑主自逞自作，以致敗落。

揚朋刑巳。丑能刑戌。戌能刑未。未不能刑戌。戌不能刑丑。寅能刑巳。

巳能刑申。申不能刑巳。巳不能刑寅。

六沖　子午沖　丑未沖　寅申沖　卯酉沖　辰戌沖　巳亥

沖

沖者動也格也。凡沖日主身有权往。沖辰主宅有動移。凡沖皆主移動不寧。凡歲月日干支皆不宜沖。沖歲主歲中不足。沖月月中不足。

凡吉神不宜沖。沖則不吉。凡凶神宜沖。沖則不凶。

凡課中類神與歲月遇空亡。宜沖則動也。

六破　午卯破　辰丑破　酉子破　戌未破　亥寅破

申巳破

破者散也。凡破入傳臨日。非宜散凶事。不宜成吉事。

凡年命上見破主有損傷。　附破碎殺　四孟見酉　四仲見巳

四季見丑　名破碎殺。亦名紅紗殺。　凡物破損不完。

凡破冲主人情不顺。凡事主艰难淹滞。

六害 酉戌害 申亥害 未子害 午丑害 巳寅害

辰卯害

害者阻也、閼也。凡害入传临日，事多阻隔。凡害必无和气，只宜守旧，动有失。

官鬼 甲乙日见庚辛申酉 丙丁日见亥子壬癸 戊己日见甲乙寅卯 庚辛日见丙丁巳午 壬癸日见戊己辰戌丑未

壬课诸书多以阳克阳、阴克阴为鬼，阳克阴、阴克阳为官。然壬课最日和大抵宜生扶，不宜克贼。课中有鬼，惟有人占官禄、士人占试知、妇人占夫，类用之。虽俱视所临，以不必分别官鬼也。

鬼为贼害之神，传中多鬼，事事不美。若日干旺相，及传中干支、年命貴子孫為救不妨。

凡鬼發用，又臨克日之卿。名攢眉格，占事主有兩重不美。即遇救神，亦能解之。

凡支上神發用為日鬼，占事主自家人損害。

凡鬼旁有制，即不為凶，但占事未免先值驚，後乃無畏。

凡鬼臨日干，得支上神救者，主一切事自外來，家內人救解。

凡鬼發用，生末傳作干長生，名鬼脫生格，主一切先凶後吉。

凡三傳合局為鬼，反生起干上神而生干，主一切反凶為吉。

凡貴德臨身制鬼者，反凶為吉。此貴德加于日干上。

墓神　未為甲癸之墓　戌為丙戊乙之墓　丑為庚丁己之墓

辰為壬辛之墓

墓者伏藏之神也。五行墓于四季，有陰陽生

凡墓與空皆宜歲月日時

沖起

死之絕，喝于死地，即逢于生地。此以十干逢長生起，又逢沖順逆論之也。

若五行墓，木墓未，火墓戌，金墓丑，水墓辰，故不同。蓋壬課重此墓。

逢十干墓不前，逢五行墓。

凡墓入傳臨日，主一切閉塞暗昧，纏繞不通。

天盤日之墓神加地盤日之長生處，主舊事再發。長生處有乘墓，主新事之發。

凡墓神加日及日干生墓，年命乘墓，生墓俱主暗昧憂鬱，惟自墓旁生則吉。

凡墓發用，宜日干旺相有氣。若無氣，占病防死，占訟防屈。

凡墓逢沖則吉，逢合則凶。若年命上神能制之，亦可解救。

凡五行投墓，則吉凶無準，故宜沖則應驗。

長生　甲日生于亥　乙日生于午　丙戊日寅　丁己日酉　庚日巳

辛日子 壬日申 癸日卯 此十干長生。

火生于寅 金生巳 木生亥 水土生于申 此五行長生。即日支長生。

長生諸事皆吉。金課重日干。惟用十干長生。不惟用五行長生。

日祿 甲祿在寅 乙卯祿在卯 丙戊祿在巳 丁己祿居午

庚祿居申 辛祿在酉 壬祿在亥 癸祿在子

日祿主食祿事。有官人吉。惟祿神生旺。不可空亡。

生氣 主解凶增吉。成就新事。乘天后六合有孕。乘青龍有財

婚之事 正月子 二月丑 三月寅 四月卯 五月辰 六月巳 七月午

八月未 九月申 十月酉 十一月戌 十二月亥 順行

死氣 忌病之。 正月午 二月未 三月申 四月酉 五月戌 六月亥

七月子 八月丑 九月寅 十月卯 十一月辰 十二月巳 順行

天喜 主印喜慶恩澤。官遷財喜。 即四季養神
春戌 夏丑 秋辰 冬未

月破 主破壞離散。却又解寃。憂喜不成。產易生。婚娶忌。事喜破。 正月申 二月酉 三月戌 四月亥 五月子 六月丑 七月寅
八月卯 九月辰 十月巳 十一月午 十二月未

月合 諸事皆吉。 正月亥 二月戌 三月酉 四月申 五月未 六月午 七月
巳 八月辰 九月卯 十月寅 十一月丑 十二月子

月厭 費用諸事不成。妨嫁娶。加元武主盜賊。加蛇怪夢。加虎克自
主病死。加朱雀憂訟。逃亡忌向此方。 正月戌 二月酉 三月申 四月未
五月午 六月巳 七月辰 八月卯 九月寅 十月丑 十一月子 十二月亥 逆行

大煞　正五九月午　二六十月卯　三七十一月子　四八十二月酉　即帝旺

吉凶皆忌。

羊刃　祿前一神。如甲祿在寅，卯為羊刃。　靜吉動凶。

甲在卯　乙在辰　丙戊在午　丁己在未　庚在酉　辛在戌　壬在子　癸在丑

月刑　諸事不利。　正月巳　二月子　三月辰　四申　五午　六丑　七月寅

八月酉　九未　十月亥　十一卯　十二月戌

天德　春在午　夏在辰　秋在子　冬在寅　諸占俱吉

干奇　甲日午　乙日巳　丙日辰　丁日卯　戊日寅　己日丑　庚日未　辛

日申　壬日酉　癸日戌　消禍增吉

城神　主和合事。　正五九月巳　二六十月申　三七十一亥　四八十二月寅

驛馬　申子辰居寅　寅午戌居申　巳酉丑居亥　卯亥未居巳

馬主行動。能任重致遠。作力承當。故亦作吉論。但利于男子。不利于女人。最喜生旺。為事有加。如逢空亡落空。勞而無功。

天馬　正七月午　二八月申　三九月戌　四十月子　五十一月寅　六十二月辰

天馬亦動象也。主能達印信之喜。加大殺尤惡。遇官占遷動更改事。見傳送白虎必動。如虎日主失脫。

六儀　旬儀　甲子旬用子　甲戌旬戌　甲申旬申　甲午旬用午

甲辰旬辰　甲寅旬用寅

支儀　子儀午　丑儀巳　寅儀辰　卯儀卯　巳儀丑　辰儀寅

午儀未 未儀申 申儀酉 酉儀戌 戌儀亥 亥儀子

或入傳發用也皆能解凶增吉惟儀克行年主凶也

解神 內解外解全 凶課喜見解神也吉課忌見解神也

正二月申 三四月酉 五六月戌 七八月亥 九月十月午

十一十二月未

旬奇 甲子甲戌用丑 甲申甲午用子 甲辰甲寅用亥

此為旬之奇也 丑為日奇 子為月奇 亥為星

天上三奇乙丙丁 地下三奇甲戊庚 此為遁奇也

凡凶兆也如得生氣干奇六儀解神德神 並入傳發用也

皆能轉禍為福也

干支數目

甲己子午九　乙庚丑未八　丙辛寅申七

丁壬卯酉六　戊癸辰戌五　巳亥四數　旺相倍增休本

數囚減半　王不相囚者見上見子為九下見巳為四王不相囚為三一

十六數餘類推

死神　子日卯　丑日辰　寅日巳　卯日午　辰日未　巳日申　午日酉

未日戌　申日亥　酉日子　戌日丑　亥日寅　順行

論旦暮貴人

旦暮貴人即陰陽貴人也。凡晝占用陽貴，夜占用陰貴。如甲戊兼牛羊例。日用上一字，夜用下一字。如甲戊日日占，應用牛字，便從天盤丑上起貴人，並為陽貴。甲戊日夜占，應用羊字，便從天盤未上起貴人，並為陰貴。此一定不易之例。但前人占課皆用正時，正時者即就起課時所值之時也。如動念起課之時係值子時，即以月將加地盤子上起天盤；係值午時，即以月將加地盤午上起天盤。如是方謂之真貴人。今人正時難于測度，或令占者隨口乘報一時，或用牙籌拈取。又或用珠盤搖取。此亦渡過之法。于理不順。惟不論日占夜占。但以卯辰巳午未申。即用陽貴。得酉戌亥子丑寅。即用陰貴。此則膠滯不通。陰陽異。然事亦無憑據。余參考諸書。無問之前指。陰陽貴人當以占課時〻旦暮為定。如在日占。即以酉戌亥等時。亦當用日貴。如在夜占。即以卯辰巳等時。亦當用夜貴。拘于晝夜陰陽不相背謬。又如以日夜分陰陽貴。當因日〻長短而定。蓋自卯至申猶為晝。而在日短〻時。則卯尚屬夜。自酉至寅雖為夜。如在日長〻時。則酉尚為晝。此不可不察。

玩大全用貴人法。如天盤上貴人，挑在地盤四陽卦宮上，則不論陰陽貴，陽貴陰貴皆順行。如挑在地盤四陰卦位上，亦不論陰陽貴，陽貴陰貴皆逆行。如甲戊日日占宜用陽貴丑字，若丑字落在亥子丑寅卯辰地盤六宮上，則宜順行。若丑字挑在地盤巳午未申酉戌六宮字。即陽貴亦當逆行。又如甲戊日夜占，則未為陰貴。若未字挑在地盤亥子丑寅卯辰宮上，即是陰貴亦當順行。若陰貴未字落在地盤巳午未申酉戌陰宮之上，即宜逆行。此當謹察。

貴人當以甲戊兼丑未，庚辛逢馬虎為是。如此方與課鈐相合

論克應

凡課式已成神將已定吉凶皆知而克應之期不審亦無由徵其神之妙也至過去未來之遠近期於太歲上詳之如正月占事巳加歲事為四月為未來四月建巳故也亥加歲事在去年十月為過去十月建亥故也

凡太歲在初傳為今年事在中傳為去年事在末傳為二三年前之事三傳見月建亦然又春占發用見木為現在事見火為將來事見水為過去事發之旺為現在主所相為將來稍遠休囚為已往遠甚大論發用即初傳　起太歲加吉凶應本年內用起月

建如。應在本月，用起月將如。應在月將，管事之內，用起四立如。應在一季如。如甲子日立秋如。用起功曹寅與神后子，即主秋季七八九月之內，用起二十四氣如。吉凶應在本氣之內如。用起旬首如。應本旬內如。如甲子旬子發用之類，即以推課也。用起七十二候如。吉凶應本候內如。如乙丑日東風解凍如。用起天罡辰與大吉丑如。即主丑日內應。用起本日干支如。應在本日如。若係以申日支發用如。則又當從旬首論如。以旬內應之。時發用者如。當時即應如。如歲月日時與候俱不見發用如。即當從本日支辰次第推之如。如丑日用寅如。應在第二日如。用卯應第三日如。用辰

應第四日出四位則不取也

有以今日所生為吉期，所忌為凶期也。占以初傳所合為成期，末傳所沖為散期也。又有言事以末傳合下為結期，行人以初傳墓下為歸期也。吉事以末傳合處所臨神為成期，凶事以末傳沖處所臨神為散期。百事謂取初傳之墓絕為應期，如用酉則取丑滴時日，以酉之墓丑絕寅也。又法用起陽神取絕日為驗，用起陰神取墓日為驗。如不居取墓絕所臨之下為期也。

克應之法當用所占之事，看占時旺相休囚，宜用何者為準，以消息

論遁干

以壬課三傳俱消支神出現。蓋支主靜而無動。遁干移出易使變動無方。吉凶禍福所伏藏處也。最宜參看。法只一旬干。即本日本旬內之干也。如丙寅日占事。即用甲子旬內之干。丙子日占事。即用甲戌旬內之干是也。用干之先起遁法。即甲己還加甲。乙庚丙作初。丙辛從戊起。丁壬庚子居。戊癸何方覓。壬子是真途是也。用遁干加于四課三傳之命上也。而參詳其生克刑合。以斷吉凶。此占課要訣之元機。

論歸散

以天時而論。得令有氣為歸。不得令無氣為散。大抵相氣更吉于旺氣。如現出季生我。不過取眼前禍從季生我。禍福祇見靈迹

而占之有變，不可執一也。如見喜氣服也，但以四季時令詳之。此占之也。遂
占進用事也，則以課傳有氣為吉也。若占解散事也，則反取無氣也。此
為變也。占遠近大事也，俱以四時之令為主也。如財察等小事也，一時並用也。又
衰旺也，以日干而論。不必看太歲時令也。凡六日丗四時，各以旺相休囚衰旺
知之也。過三日而又換旬也。如甲乙日，即以木旺火相水休金囚土死詳之，變之。又
有不執定，令日干支為主也。專看初傳與復遇干支為服也。干支在
為散也。初傳在日干五子元遁也。復傳在時干五子元遁也。如巳午本
火，而壬癸又臨於卯，即從水論也。又如丁亥也，於夏從火也。秋冬從水也。
臨火地也，還從火論。臨水仍從水論也。變之也。

附錄季日旺相休囚

春木旺火相土死金囚水休　夏火旺土相金死水囚木休

秋金旺水相木死火囚土休　冬水旺木相火死土囚金休

四季土旺金相水死木囚火休

上旺相篇亦不可執，如四月巳申坐爲相，是取長生也

甲子日卯時子將占寅命行年亥未四課得一上克下午加酉為用

此次正月仍用子　元首課　陰亥甲　勾巳午蛇未后申虎

將也不此蓍用　蛇未后　虎申亥　合辰年　酉常

丙云旺相、　午卯子　常酉子　朱卯　戌元

庚　蛇午酉　寅丑子亥　命

蛇貴后　陰

此課子孫乘蛇發用主文職占子孫及本身前程家宅事但日支子為胎又為官鬼見子孫午年發科未年及第属子寅年戌火旺年月錄官本身見任寅年應試官由詞館得子巳丑年月錄遷家宅吉利妻女胎後雕式升業勉揚並無病惟朔池謗晦日忌此課天貞煩也

解云：課得午加酉為元首，主首推利見大人。三傳午為天馬，卯為天車，子為華蓋，為貴人，華蓋乘軒，主公卿之貴。日辰用神旺相，吉將並中，為三光，主加官進祿、慶賀之榮。又青龍主文，然甲木以午火為子，值旺相氣，上乘青龍，午上遁得庚，庚金為官星，以年未上辰乘六合，亦為魁，主子亦官。年歲火旺，上見卯木相氣，乘朱雀，主文字發科。未歲上見辰為西魁，乘吉將，主及第佳兆。火為威儀，主禮部。年數九，辰數八，庚數八，主二千四百大數，二主極品高官，尚書之位也。一課之陽，以卯居陰為玄武，乘朱雀為文明。甲日為參，亦值旺相氣，主見任于京官職。甲上亥為長生，學堂為天祿，主君諫官西詞館。卯數六，朱雀數九，主十五年。察首推旺氣數，積主師傅極品之之。

貴卯為年月條肝膽主風疾寅作為歸結子數一月將天后為恩
澤主乞求休咎時有加一品之恩子為天后孔救相乘主壽得八十之亥為
家宅子上見朝星招女來太常吉將主聰從能武年相生主益每
家也

四月丁丑日子時申將巳加酉為用曰元首課

空卯丁　辰巳午未
常句貴　亥卯　空卯　申
巳丑酉　貴酉丑　寅　酉貴
巳酉　丑子亥戌

此課昔越王有鄭妃為懷孕范蠡占之以五月將申加子時得一主虎下
巳加酉為用上是旺火克不死坐土下絕決生男以秋時居火囚氣

課皆陰，則不然也。又如正月甲寅日亥時酉將，上克下，太元旨巳，歲居

身吉凶，居五年之內；如正月建寅，用起功曹，則事居正月之內；丙子

日丑載用起太乙神后，則事居半月之內；甲子旬內用起神后，則事

居十日之內；甲申日寅時寅將，用起傳送，則事居五日之內；日居

某時居時旺氣發用，主于求官；賊相氣主喜財利；死囚主

刑獄；休主疾病、憂主淹滯；諸課居驗同此推斷，此京亟因所占

屬何事以行之，不可拘于一例也

四月丙戌日巳時申將，子命行年在酉，用申加巳，一下賊上發用

為重審課　四月丙戌申為相，取用長生也

申　丙　貴　亥　子　丑　寅

六
申貴
亥元
寅

陰
亥申　丑戌　辰丑
戌　酉　申未午巳空
卯命　辰

斷曰此課申為相氣加巳妻財乘六合為用主謀為利祿事中傳官鬼乘貴入亥為天門主財納官的京賊未傳父母乘元武主發財雖後東三傳遞生日干大吉決主上人舉薦後指能成就高第為子求官亦不虧用財取貴用起遁神傳西遁為元脈戌支為妻上見丑為丙日火之子申財亦為妻乘六合亦為子丑為天喜主妻懷孕課體壽局中傳陰為主陽包陰生女也

乙亥日辰時酉將占申命行年在亥寅加酉下克上辰用

一重審 陰 蛇 青 六 酉 乙 丑命 寅 卯 辰年

課 勾 朱 子 虎 酉 貴子 巳

常 辰 亥 亥 午空

酉 辰 戌 酉 申 未

此課李司馬占旺氣發用日辰旺相乘吉將為三光訴主干

求官職有遷陞官增祿榮陞應驗

八月壬辰日巳時辰將占有二上克下擇陰陽日取戌加壬與日比

發用為知一課

常 戌 壬 未 申 酉 戌

虎
陳　常　元　酉　蛇　子
酉　申　朱　卯　辰　癸巳　子　亥空
寅　卯　辰　卯　寅　丑

斷云：此課天魁作鬼乘白虎發用，主事由家奴起禍，申敗婦女衣服食物失盜，後可捕獲，亥酉鄰也。蓋亥作陰，以戌為奴，酉為婦女，太常為衣服食物，元武為失盜，陳為近，秋占旺氣，失了可獲也。

占歲法　黃帝云凡陽年以太歲加歲支陰年以小吉加歲支

看四課三傳及占十二邦國吉凶神將所主之事條合

己丑年並為陰年以小吉加丑此卦係墓占

四乘用井欄射課　蛇丑巳　空酉　后卯　常辰　巳元

六后蛇　后未丑　蛇丑　午陰

反吟　亥未丑　未丑　白子　未后

蛇丑未　六寅戌　雀酉　蛇申　貴

初傳巳上登明為用將得六合中傳丑上見小吉將得白虎后蛇末傳未

上見大吉將得天乙蛇卯上見從魁為螣蛇卯為宗主口舌象

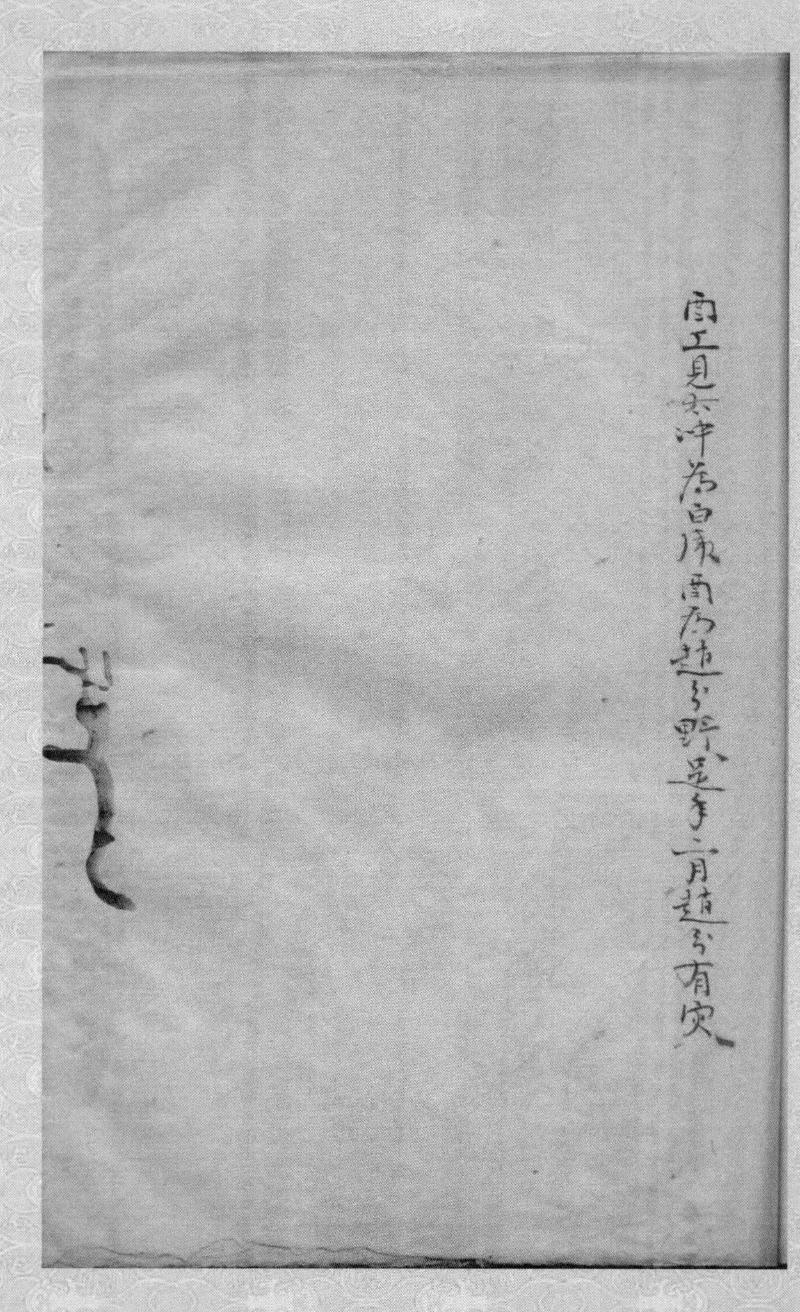

酉上見太沖爲白虎酉爲趙分野是年二月趙分有災

風雨占賦

高以上乘日月星辰，沉潛下載風雨龍神，戴君之德，五徵不知之休祥。五相之順，十萬無窮于教。

五徵者，雨暘燠寒風也，請及時。十萬者，民之恩亦是也，若協于皇極。

紫烏白虎，降之升之而雨露；素日丹幡，升之降之而亢旱。

天氣下降，地氣未升，晝則日色紫，夜則月色白，主陰雨。天氣未降，地氣上升，晝則日色白，夜則月色赤，主亢旱。

陽君陰亂，未交而景色得寒，奇黑陽青，未密而虹蜺欲現。天地之氣不通，則日色青，月色綠，此時寒之氣，天地之氣相交則日黑月青，時雨不日辰兩位亢宿所以然。每月皆十二時。是本方所論過盡。
如干支日氣應有雨，不應有雨，於是雨應于各方位。蓋五十干地支皆各
有分屬之地，月宿十精於載三月丙丁日，夏三月戊己日，秋三月壬癸日，冬三
月甲乙日，土王用事庚辛日，為月宿十精也。不問有無雲氣，遇此日必
有大風雨。應不應者，在於春三月應于丙丁方，夏應于戊己方，秋應于壬癸
方，冬應于甲乙方，土王用事從應于庚辛故也。

日初兩曜青黑潤濕。旬青散雨，黃赤乾暵。
兩曜日月也。凡月初告之，如青黑暗潤，則月內多雨；黃赤乾枯，月
內多晴。每月初一管上旬十日，初二管中旬十日，初三管下旬十日，斗光。
日色同占。

無雲掩映，旬旬之中不濟。有氣經過，遂限之田園盈溢。
五卯六甲日，望天河中無雲氣，則所管日內淸晴，但有雲氣往來。

霽日内角風有雨。

青龍風急大雨將來。朱雀風同到日晴燥。白虎風生必有雨

霧。元武風起雨水相尋。

寅卯時為青龍巳午時為朱雀申酉時為白虎亥子時為元武道

方起風應于雨晴。

日候孤光雲帶中央而不動。日高丈五。雨施面而頻仍。

孤光者也日初出時有雲帶在日中或橫蔽日不見或遮日不散則日

高丈五時有雨日高二丈時有此雲氣早午時必雨。

遇六龍。若魚而大洒。斗間五色遇於黿動以長津。

戊辰亥巳為六龍日旦白日下夜右北斗外雲氣蒼潤如魚龍鱗狀或仍

椅斗至當日當夜大雨斗間五色雲[illegible]夜居邑如黿龍之形而動

故皆主當日夜大雨

初白氣丙大遭風雨。節丹霞白白蓋黑晝人。

白氣蓋北斗與日月廣密大風惡雨雨象。每月初五日看斗間有白氣潤澤主月內多風雨。每交節氣日早晨有丹霞霞氣主節內風雨順時

若清熒旱。熒惑星少于河津。或過霖霪。辰象羅煩于漢泊。

熒惑火星火星守天河及天河中星象稀少皆主旱。辰象水星也

漢泊即天河水星守天河及天河中星象煩多主雨。

黑牛夜半如龍在震以辰期。青龍晨前似馬向離丙午信。

癸丑日為黑牛夜有黑雲如龍之形在震主辰日雨。甲辰為青龍早有雲氣如馬形在離主午日有雨。

朝視東方積土之雲形便以。暮觀西方累雨之氣象尋傾。

早看東方日初出處有黑雲積土之狀主雨晚看西日入之處有黑雲氣狀似累疊之而起主雨

占斗光之明暗。察月色之初新。黃昏時占

魁畔黑雲見沾淋于當夜。罡前黃氣知潤澤于來晨。

斗前方四星名魁有黑雲掩于斗口主當夜雨北斗後斜三星名杓第七星曰天罡罡星之前黃氣映潤主來日有雨

徧掩映而三日。待溟濛而半旬。

烏雲徧掩北斗主三日內有雨斗間或一二星有雲遮蔽主五日內有雨[illegible]西陲無雲惟斗中上下有雲氣潤者五日內有雨如黑低而厚[illegible][illegible]時有雨

連窺天漢，蛇經雲霧集，雲屯眾觀銀河，稍越風調雨
順。

天漢銀河，謂天河中有雲氣黑闇，形如豬蛇往來，主當夜雨

類有天氣變旱，同中岳氣應。

有天者色氣也，斗向有赤雲氣主旱。一云赤雲蔽斗，北日大热，中岳黃
色氣也。如黃雲皆黑蔽斗，或去日月上下不廣，密有風土塵埃之象

又云但看壬子亥子壬癸發動，主有雨

甲日晴，明旬渴，渡雲氣如出，五行遲適。

一甲管十日法，晴如甲日晴，則旬中多晴。甲日旬中有雨 雨

卯日同甲，四方之氣象為困，且有淫霜，註于之期程定度。

五卯日與六甲日同，占東方有雲，甲乙日有雨，餘做此，晨且有雲掩日。

當日必雨

壬子五丁各轄之，朝高火燥則宜陸計，數如丙子從辛每管五日

六壬日皆全

依濃則雨遍諸鄉
壬子至丁巳六日每日管二日限晴如日雲氣依濃亦管三日內有雨大
晴明則三日內晴壬子管戊午己未庚申癸丑管辛酉壬戌癸亥甲寅管
甲子乙丑丙寅乙卯管丁卯戊辰己巳丙辰管庚午辛未壬申丁巳管癸
酉甲戌乙亥又丙子丁丑戊寅己卯庚辰辛巳六日每一日各管五日亦法同
前丙子管壬午癸未甲申乙酉丙戌丁丑管丁亥戊子己丑庚寅辛卯
戊寅管壬辰癸巳甲午乙未丙申己卯管丁酉戊戌己亥庚子辛丑庚
辰管壬寅癸卯甲辰乙巳丙午辛巳管丁未戊申己酉庚戌辛亥

晨候北方加雲多黃黑曉望南方雨來驟疾
且看北方有黃黑雲色大小南方亦然壬癸日必雨

躍躍猪氣山谷而來子子期朝鬱鬱離離風乾玄方八辰之測
早看北方雲氣如猪向東北方丙子日必有雨之兆應在七日內早看北方
有雲鬱鬱蒼蒼南向西北方亦如此又雨之兆應在八日內

午未之間見虛，戊己日必無差；申中之立可雲，庚辛日而不易。

午未方見雲滯，戊己日雨；坤申方上見雲氣，庚辛日必雨。

五色交錯，赤黑相兼，天威雷電，神怒雲簇。

日占雲氣有五色交錯，赤黑相兼者，天之威怒，必有大雷電風雨簇之。

雲暗色有災害。一云旺相日雨主生萬物，死囚日雨主殺萬物。

鎮逆入河，法令急而淋漓；熒惑犯水，波理兼而旱災。

土星曰鎮星，逆行入河主大雨；火星犯水星主大旱。

四仲加處，朝中夕半，以雲興知壬癸，轉乾坤干支而破雨。

四仲，子午卯酉也。凡四仲之年月日時太乙稍宮，有雲掩日，晝黑晦必雨。朝

中，日午時也；夕半，夜子時也。

金水出入，起風霧以連天；畢月相逢，布雲雷于下土。

金水二星初出入之日為風雨，月犯畢宿主雨，月離箕宿則風。

銅雀停氣池枯不徵，其翅張。石燕翔空，以溢商羊鼓舞。

銅雀其長安西域有，鳴則五穀豐，停氣者不得也，徵其蛛蛛蛇也。有四翼，見雲主三歲大旱。石燕集名中岳少雲山，有之舞則雨。商國有一足之鳥，名商羊，舞主水灾。

又風雨占

春雨過陰涼，雨不把風防，秋後逢濕熱，雲雷風雨到。西北黑雲生，雷雨必声訊，日出卯過雲，無雨天必陽。日出江雲暗，東風雨即起。日夕若暗江，無雨定是風。日暮黑雲接，風雨不須說。雲暗過東風，滂沱雨下冲。雲随東風起，風定雨立至。雲布滿山低，東風雨乱飛，雨過東風[illegible]，晚來越添勢。午後遇雲遮，東風起雨淫。但遇起東風，雨水必相從。雷光如乱[illegible]，大雨隨之傾。

凡先風後雨為順，先雨後風為逆。先雷後雨，其雨必小；先雨後雷，其〻雨大。

占太陽

太陽未出，將晨之先，看東方黑雲。如鷄頭，如旗幟，如山峰，如魚，如蛇。當日未申時有雨。或紫黑雲貫穿。或在上下者。並應當日雨。

占太陰

月色紅，於日當雨。青色亦同。有圓光如車輪者。來日大風，或三日後應。有白雲結成圓光，不甚圓者。於日亦有風。

占北斗

白雲遮北斗。於日天變，應未申時。白雲罩一星二星三星。於日大雷雨。北斗下有白雲氣，皓如冰波。於日大風。斗中上下有雲如亂絮。止有大風。斗中有雲如魚鱗。於日後風雲。斗下有黑雲湧上者。當夜風雨。如斗下斗口有紫色黑氣。三日後有雷雨。青色應木時。赤色應火時。黃色應土時。白色應金時。黑色應水時。雲氣與霞彩同論。斗下有電閃遍斗者。及斗口起者。當夜有雨。如閃不遍斗者。應在明時。黃雲貫斗。亦主來日大雨。赤雲氣不過三日之內。白雲氣亦然。黑雲即日有風雨也。

占天罡 斗杓三星

紅色[illegible]動有雷雨。青色搖動。明日有霹靂。星上起白雲。明日大霧。星上雲黃色貫文曲星大雷雨。罡上雲氣風景或有白氣雲自斗中出。時日東時大雷雨。白光恬靜時日或無。

河

黑雲成塊。形若豬渡河。或如燭綿枯木遮太陰。或在太陰上下。並應來日雷雨。白雲如綿如小魚鱗。兩頭有脚北來。時日有風。俱日落後驗。如天河中有大片雲者止有風。

雷牌

拂曉看南方。黑雲最高為雷信。應時日巳午時。中天而止。應申時。東方雲頭東方至。餘做此

龍氣

拂曉看東方五色氣如錦過西方者日風雨如雲與霧起者
正中天而止者應三日雨或日沒時看五色氣自西過東方者應二
三日雨

白虎

早看東方有雲氣隨太陽上下不遠方應巳午時有雷雨巳
午時隨太陽應未申時未申時隨太陽應酉戌時

四季二十八宿分占

春角日晴夜雨　亢風起　箕斗牛女微雨　虛危風起夜晴
室壁雨　奎婁晴　胃雨　昴畢晴　觜參風　井風
鬼柳雲起　張翼熱　軫日晴夜雨

夏角亢晴 氐房心尾雨 箕斗牛女晴 虚危室壁半晴 奎婁胃雨 昴畢晴 觜參井徵雨 危柳大雨
餘皆晴

秋角亢大雨 氐房心尾箕斗牛女徵雨 虚危室壁晴
奎婁胃昴雨 畢參觜井鬼張雨 鬼柳陰雲 星張
翼軫晴

冬角亢晴 氐房心尾雨 箕斗牛女暖 虚危室壁陰
奎大雨 婁胃昴畢觜半晴 觜參井有雨或陰 鬼柳陰
張晴 翼軫陰凍

星碎碎撒如雨何如主清年蝗虫生 星大如箒里暈何如

主人論災厄

四季占雨

春甲子雨乘船入市。夏甲子雨赤地千里。秋甲子雨禾生両耳。冬甲子雨飛雪千里。

凡甲子晴則久晴，雨則久雨。如甲子遇双日語之雌

甲子雨即不妨。

壬子日春雨人無食。夏雨牛無食。秋雨魚無食。冬雨無無食。又云春雨壬子，秋爛蚕死。

凡甲申日雨，主久雨米貴。乙酉日更要除。

春雨乙卯，夏雨丁卯，秋雨辛卯，冬雨癸卯，皆不宜，主多疫。

凡雷[illegible]發于巳午陰生之後。夜半[illegible]時[illegible]之榮茂。發于子丑

寅卯[illegible]午晴和主有災禍

[illegible]雨占

日暈則風雨月暈則風何方缺何方有風日沒脂紅無雨即風星光閃爍必定風作海沙雲起謂之風潮有大雨暴風日暮夜起必知風急雲起愈急必雨海豬亂起風不可已逍遙庭叫風雨必起一聲風二聲雨三聲四聲訪風雨水蛇盤芦上水漲高若知

山川地土占

遠山之色清朗主晴昏暗主雨小山不出雲者忽出雲起主兇常大雨地面濕潤出水珠出汗主暴雨石礎水

水流四野雲蒸承然得西北風解散即無雨。

草木物占

桐花初生時赤色主旱。白色主水。藕花開在夏至前主水。扁豆鳳仙五月開花。野薔薇開在立夏前後主水。鵓浴主風。鵲浴主雨。三月三日上巳日田雞上晝叫上鄉熟。下晝叫下鄉熟。終日叫上下皆熟。鳩鳴有還声者謂之呼婦主晴。無還声者謂之逐婦主雨。鵲巢低主水。高主旱。海燕成群來主雨。田雞負雛而行主雨。田雞上宿遲主陰。夏秋雨陣將至忽有白鷺飛過不下雨。謂之截雨。鼠咬稻麥苗主不收。狗爬地主陰雨。狗吃青草主晴。貓吃青草主雨。狗向河邊吃水主水退。六月 八月無蒼蠅

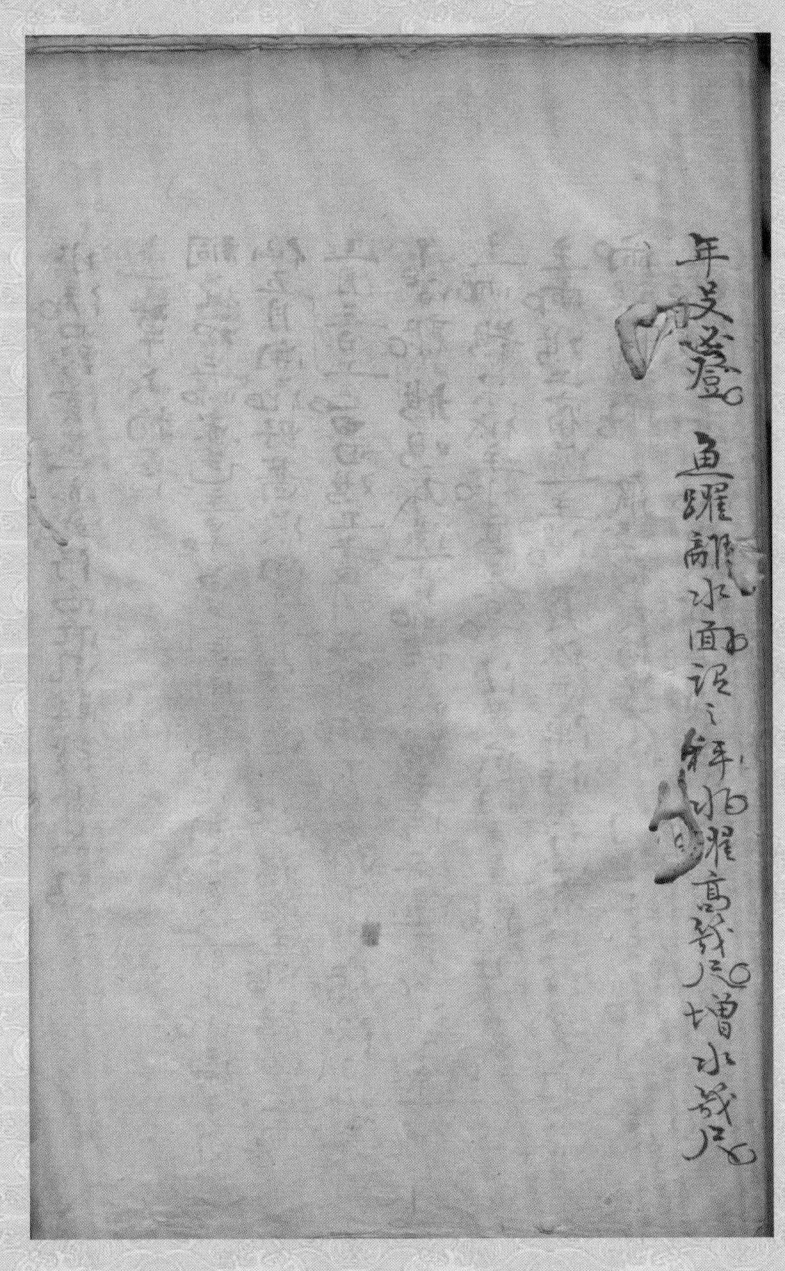

年豐登。魚躍離水面，諺云：魚躍高幾尺，增水幾尺。